AF385317

# LA MANIE-
# RE DE BIEN
## TRADVIRE D'VNE
## LANGVE EN
## AVLTRE.

D'aduantage.

*De la punctuation de la langue Francoyse.*

Plus.

*Des accents d'ycelle.*

*Le tout faict par Estienne Dolet natif d'Orleans.*

AD AMVSSIM DOLO,

*A Lyon, chés Dolet mesme.*

M. D. XL.

Auec priuileige pour dix ans.

LY, & puis iuge : ne iuge toutesfois deuant que
d'auoir ueu mon Orateur Francoys, qui ( possi-
ble est ) te satisfaira quant aux doubtes, ou tu pourras encourir lisant ce Liure.

# ESTIENNE DOLET A

### Monſeigneur de Langei humble ſalut, & recongnoiſſance de ſa liberalité en= uers luy.

E n'ignore pas ( Sei=
gneur par gloire im=
mortel ) que pluſieurs
ne s'eſbaiſſent grande=
ment de ueoir ſortir de
moy ce preſent Oeu=
ure: attendu que par le
paſſé i'ay faict, & fais
encores maintenãt pro=
feſſion totalle de la langue Latine. Mais à cecy ie don=
ne deux raiſons. L'une, que mon affection eſt telle en=
uers l'honneur de mon pais, que ie ueulx trouuer tout
moyen de l'illuſtrer. Et ne le puis myeulx faire, que de
celebrer ſa langue, comme ont faict Grecs, & Rom=
mains la leur. L'aultre raiſon eſt, que non ſans exemple
de pluſieurs ie m'addonne â ceſte exercitation. Quant
aux Antiques tant Grecs, que Latins, ilz n'ont prins
aultre inſtrument de leur eloquence, que la langue ma=
ternelle. De la Grece ſeront pour teſmoings Demo=

Autheurs an=<br>tiques illuſtra=<br>teurs de leur<br>langue.

a 2     ſthene,

sthene, Aristote, Platon, Isocrate, Thucydide,
Herodote, Homere. Et des Latins ie produis Ciceron, Cæsar, Salluste, Virgille, Ouide. Lesquelz
n'ont delaißé leur langue, pour estre renommés en une
aultre. Et ont mesprisé toute aultre: sinon qu'aulcuns
des Latins ont apprins la Grecque, affin de scauoir
les arts, & disciplines traictées par les Autheurs
d'ycelle. Quant aut modernes, semblable chose que
moy a faict Leonard Aretin, Sannazare, Petracque,
Bembe ( ceulx la Italiens ) & en France Budée,
Fabri, Bouille, & maistre Iacques Syluius. Doncques non sans l'exemple de plusieurs excellents perso-
nages i'entreprends ce Labeur. Lequel ( Seigneur
plein de bon iugement ) tu recepuras non comme parfaict en la demonstration de nostre langue, mais seulement côme ung cômencement d'ycelle. Car ie scay, que
quand on uoulut reduire la langue Grecque, & Latine en art, cela ne fut absolu par ung homme, mais par
plusieurs. Ce qui se faira pareillement en la langue
Francoyse: & peu a peu par le moyen, & trauail des
gens doctes elle pourra estre reduicte en telle parfection, que les langues dessusdictes. A ceste cause
( Seigneur tout humain ) ie te requiers de prendre ce
mien labeur en gré, & s'il ne reforme totallement no-

                              stre

ſtre langue, pour le moyns penſe, que c'eſt cõmencemẽt,
qui pourra paruenir à fin telle, que les eſtrangiers ne
nous appelleront plus Barbares. Te ſoubuienne auſſi
en ceſt endroict, qu'il eſt bien difficille, qu'une choſe
ſoit inuentée, & parfaicte tout a ung coup. Parquoy
tu te doibs contenter de mon inuention, & en attendre
ou par moy, ou par aultres la parfection auec le temps.
Ioinct auſſi, qu'en choſes grandes, & difficilles le uouloir doibt eſtre aſſes.    Ie laiſſe ce propos, & te
ueulx dire ce, qui m'a eſmeu de te dedier ce Liure. Cer-
tes l'opinion, & eſtime grande, que i'ay de ton ſcauoir,
eloquence, & iugement en tout eſmerueillable, m'a in-
duict à ce faire, aultant ou plus, que l'humanité, & li-
beralité, de laquelle tu uſes de iour en iour de plus en
plus en mon endroict : & ce ſans aulcun mien merite:
car de te faire aulcun ſeruice meritant telle amour, que
me la portes, & monſtres par effect, cela eſt hors totallement de mon pouuoir.  Toutesfoys pour ſupplé-
ment du pouuoir la uoulunté te doibt ſatisfaire: laquelle eſt telle, que ſans exception d'aulcun Humain ie te
reuere, cõme ung Demidieu habitãt en ces lieux terre-
ſtres, & eſtincellant de tous coſtés par une lumiere de
uertus à toy ſeul octroiées par l'Omnipotent : Omnipotent enuers toy prodigue de ſes graces, ſi iamais il en

a 3    eslargiſt

Le comble des
uertus de Mon-
ſieur de Langei.

eslargift à aulcune fienne creature. Et qui eft celuy, qui
puiffe à mon dict coutredire, s'il a congnoiffance de tes
faicts ? Nul ne doubte de la bonté de ta nature.
Chafcun fe fent de ta munificence. Toutes Nations
eftranges ne preferent aulcun a toy, touchant bart mi-
litaire, & conduicte de guerre. Quant a la politique,
& gouuernement equitable d'ung pais, le Piedmont en
donnera tefmoignage: en laquelle Prouince tu es a prefent gouuerneur foubs l'autorité du Roy, qui t'a efleu
à cefte charge, comme perfonne idoine à touts faicts de
grand confeil, & prudence. Croy ( Seigneur le premier des Humains ) que ie fuis l'homme le moins admi-
rant les hommes fans raifon, & caufe uehemente: mais
tes uertus, & parfections infinies m'ont rauy iufques a
la, que fur touts ie t'adore: & cefte affection, la
Pofterité n'ignorera, fi mes Oeuures meri-
tent immortalité de nom.   Icy feray
fin de mon epiftre, te priant de
rechef auoir ce mien Liure
pour aggreable. De
Lyon ce der-
nier iour de
May,
Mil cinq cents quarante.

au peuple Francoys humble salut,
& accroyssement d'honneur,
& puissance.

Epuis six ans ( ó peuple Francoys ) desrobbant quelcques heures de mon estude principalle ( qui est en la lecture de la langue Latine, & Grecque ) te uoulant aussi illustrer par touts moyés, ϸay composé en nostre langage ung Oeuure intitulé l'Orateur Francoys: duquel Oeuure les traictés sont telz.

*l'Orateur Francoys.*

La grammaire.
L'orthographe.
Les accents.
La punctuation.
La prononciation.
L'origine d'aulcunes dictions.
La maniere de bien traduire d'une langue en aultre.
L'art oratoire.
L'art poëtique.

Mais

*Mais pource que ledict Oeuure est de grande im-
portance, & qu'il y eschet ung grand labeur, scauoir,
& extreme iugement, ie n'en differeray la publication
( pour ne le precipiter ) iusques a deux, ou troys ans.
Ce pendant tu t'ayderas des instructions, qui sont en
ce present Liure. Lequel si ie congnois t'estre aggreable, ie feray plus enclin a te bien polir, & parfaire le
demeurant de mon entreprinse . Combien que ie'n at-
tends plus tost contentement de la Posterité, que du
Siecle present: car le cours des choses humaines est tel,*

La uertu du<br>uiuant est tous-<br>iours enuiée.

*que la uertu du uiuant est tousiours enuiée, & depri-
mée par Detracteurs, qui se pensent aduantager en
reputation, s'ilz mesprisent les labeurs d'aultruy .
Mais l'homme de scauoir, & de bon iugemet ne doibt
regarder à telz resueurs, & plus tost s'en mocquer
du tout. Ainsi faisant, ie poursuiuray mon effort, &
attendray legitime los de la Posterité : non d'aulcuns
uiuants par trop pleins d'ingratitude, & mauluais uouloir . Contente toy pour ceste heure ( ô peuple
Francoys ) de ce petit Oeuure: & prends pour pleige
l'affectiõ, que ie porte à ma renõmée, que dedãs quelcque temps ie te rendray parfaict l'Oeuure dessusdict.
Et si aulcuns se delectent en tel labeur, cela n'est que
bon. Que pleust à dieu, que pour ung il y en eust mille;*

car

car par telz efforts le plus parfaict sera congneu, & en demeurera la gloire au bien entendant la langue Latine, & Francoyse. Pour le moins de mon costé ie tascheray de faire mon debuoir en si noble, & louable passetemps. Vray est, que si i'estois enuieux du bien d'aultruy, ie me deporteroys de ce mien labeur: pource que i'ay congneu telle ingratitude entre les hommes de mon temps, que ceulx, qui ont le plus proffité sur mes Oeuures, sont les premiers, qui taschent de deprimer mon renom: mais pour leur meschante nature ie ne laisseray de produire par Oeuures le don de grace, que le Creatur m'a faict tant en la congnoissance de la langue Latine, que de ma maternelle Francoyse. Et ce tout à l'honneur, & gloire de luy ( luy seul autheur de tout bien ) & à l'utilité de la chose publicque : laquelle ie prefere aux maldicts de touts mes Enuieux, & Detracteurs: qui à la fin se trouueront trompés en moy: car leur meschant langage ne me sert, que d'ung esguillon à la uertu: tout au rebours de ce qu'ilz uouldroient de moy proceder. Mais ie scay, comme il fault tromper telles bestes chaussées : & en telle prudence consumeray le demeurant de ma uie, taschant tousiours de perpetuer mon nom par Oeuures recommendables à la Posterité, & aage futur : lequel se trouuant

b     uuide

L'ingratitude d'aulcuns personnages de ce temps.

uuide d'enuie en mon endroict, & muni de bon uou,
loir, ne se monstrera ingrat, mais par une equité, &
raison louera ce, qui est de louer. Ceste esperance m'a
tousiours esmeu à escrire, & donné cueur de prendre
les labeurs, que i'ay iusques icy prins en la uacation li,
teraire. Car au iugement des uiuants il y a bien peu
d'equité, & racueil pour les Doctes. A dieu
Peuple le plus triumphant du Monde,
soit en uertu, soit en puissance.
A Lyon, ce dernier iour
de May, l'an de
grace.
Mil cinq cents quarante.

# LA MANIE-
# RE DE BIEN
## TRADVIRE D'VNE
## LANGVE EN
## AVLTRE.

*Autheur Estienne Dolet natif d'Orleans.*

A maniere de bien tra<br>
duire d'une langue en<br>
aultre requiert princi<br>
pallement cinq choses.

En premier lieu, il 
fault, que le traducteur 
entende parfaictement 
le sens, & matiere de
l'autheur, qu'il tra<br>
duict: car par ceste in<br>
telligence il ne sera iamais obscur en sa traduction:
& si l'autheur, lequel il traduict, est aulcunement sca<br>
breux, il le pourra rendre facile, & du tout intelligi<br>
ble. Et de ce ie te uois bailler exemple familieremēt.
Dedans le premier Liure des questions Tusculanes
de Ciceron il ya ung tel passage Latin. Animum au<br>
tem animam etiam ferè nostri declarant nominari. 
Nam & agere animam, & efflare dicimus: & ani<br>

b 2                        mosos,

moſos,& bene animatos:& ex animi ſententia. Ipſe
autem animus ab anima dictus eſt.

Traduiſant ceſt Oeuure de Ciceron i’ay parlé,cõ￫
me il s’enſuict. Quant à la difference ( dy ie ) de ces
dictions animus,& anima,il ne s’i fault poinct arre￫
ſter:car les façons de parler Latines, qui ſont dedui￫
ctes de ces deux mots , nous donnent à entendre,
qu’ilz ſignifient preſque une meſme choſe.Et eſt cer￫
tain,que animus eſt dict de anima:& que anima eſt
l’organe de animus:comme ſi tu uoulois dire la uer￫
tu,& inſtruments uitaulx eſtre origine de l’eſprit:
& iceluy eſprit eſtre ung effect de ladicte uertu uita￫
le.Dy moy ( toy qui entends Latin )eſtoit il poſsi￫
ble de bien traduire ce paſſage, ſans une grande in￫
telligence du ſens de Ciceron? Or ſaiche doncques,
qu’il eſt beſoirg,& neceſſaire à tout traducteur d’en
tendre parfaictement le ſens de l’autheur, qu’il tour￫
ne d’une langue en aultre. Et ſans cela il ne peult tra￫
duire ſeurement,& fidellement.

La ſeconde
reigle.

La ſeconde choſe, qui eſt requiſe en traduction,
c’eſt,que le traducteur ait parfaicte congnoiſſance
de la langue de l’autheur,qu’il traduict:& ſoit pareil
lement excellent en la langue,en laquelle il ſe mect a
traduire. Par ainſi il ne uiolera, & n’amoindrira la
maieſté de l’une,& l’aultre langue. Cuydes tu,que ſi
ung homme n’eſt parfaict en la langue Latine , &
Chaſcune lã￫
gue a ſes pro￫
prietés.
Francoyſe,il puiſſe bien traduire en Frãcoys quelc￫
que oraiſon de Ciceron? Entends,que chaſcune lan￫
gue a ſes proprietés, translations en diction, locu￫
tions,

tions, ſubtilités, & uehemences à elle particulieres.
Leſquelles ſi le traducteur ignore, il faict tort à l'au∕
theur, qu'il traduict: & auſsi à la langue, en laquelle
il le tourne : car il ne repreſente, & n'exprime la di∕
gnité, & richeſſe de ces deux langues, deſquelles il
prend le manîment.

Le tiers poinct eſt, qu'en traduiſant il ne ſe fault     La tierce
pas aſſeruir iuſques à la, que lon rende mot pour     reigle.
mot. Et ſi aulcun le faict, cela luy procede de pauure∕
té, & deffault d'eſprit. Car s'il a les qualités deſſuſdi∕
ctes ( leſquelles il eſt beſoing eſtre en ung bon tra∕
ducteur ) ſans auoir eſgard à l'ordre des mots il s'ar∕
reſtera aux ſentences, & faira en ſorte, que l'intétion
de l'autheur ſera exprimée, gardant curieuſement la
proprieté de l'une, & l'aultre langue.  Et par ainſi
c'eſt ſuperſtition trop grande ( diray ie beſterie, ou
ignorance? ) de cõmencer ſa traduction au cõmen∕
cement de la clauſule : mais ſi l'ordre des mots per∕
uerti tu exprimes l'intétion de celuy, que tu traduis,
aulcun ne t'en peult reprendre. Ie ne ueulx taire icy     C'eſt follie
la follie d'aulcuns traducteurs : leſquelz au lieu de li∕   de uouloir ren∕
berté ſe ſubmettét à ſeruitude. C'eſt aſſcauoir, qu'ilz   dre ligne pour
ſont ſi ſots, qu'ilz s'efforcent de rendre ligne pour    ligne, ou uers
ligne, ou uers pour uers. Par laquelle erreur ilz de∕   pour uers.
prauent ſouuent le ſens de l'autheur, qu'ilz tradui∕
ſent, & n'expriment la grace, & parfection de l'une,
& l'aultre langue. Tu te garderas diligem^ment de
ce uice : qui ne demonſtre aultre choſe, que l'igno∕
rance du traducteur.

La quatriefme reigle, que ie ueulx bailler en ceft
endroict, eft plus à obferuer en langues non redui-
ctes en art, qu'en aultres. I'appelle langues non redui-
ctes encores en art certain, & repceu: comme eft la
Francoyfe, l'Italienne, l'Hefpaignole, celle d'Alle-
maigne, d'Angleterre, & aultres uulgaires. S'il aduient dõcques, que tu traduifes quelcque Liure Latin en ycelles ( mefmement en la Francoyfe ) il te



fault garder d'ufurper mots trop approchants du
Latin, & peu ufités par le pafsé:mais cõtente toy du
commun, fans innouer aulcunes dictions follement,
& par curiofité reprehẽfible.Ce que l'aulcuns font,
ne les enfuy en cela:car leur arrogance ne uault rien,
& n'eft tolerable entre les gens fcauants. Pour cela
n'entẽds pas, que ie dye, que le traducteur s'abftiẽne
totallement de mots, qui font hors de l'ufage com-



mun: car on fcait bien, que la langue Grecque, ou
Latine eft trop plus riche en dictions, que la Fran-
coyfe.Qui nous contrainct fouuent d'ufer de mots
peu frequentés. Mais cela fe doibt faire a l'extreme
necefsité. Ie fcay bien en oultre, qu'aulcuns pour-
roient dire, que la plus part des dictions de la langue Francoyfe eft deriuée de la Latine,& que fi noz
Predeceffeurs ont heu l'authorité de les mettre en
ufage,les modernes,& pofterieurs en peuuent aultant faire. Tout cela fe peult debattre entre babil-
larts:mais le meilleur eft de fuiure le cõmun langa-
ge.En mon Orateur Frãcoys ie traicteray ce poinct
plus amplement, & auec plus grand' demõftration.
Venons

Venons maintenant à la cinquiefme reigle, que
doibt obferuer ung bon traducteur. Laquelle eft de
fi grand’ uertu, que fans elle toute compofition eft
lourde, & mal plaifante. Mais qu’eft ce, qu’elle con‹
tient? Rien aultre chofe, que l’obferuation des nom‹
bres oratoires: c’eft affcauoir une liaifon, & affemble
ment des dictions auec telle doulceur, que non feu‹
lement l’ame s’en contente, mais aufsi les oreilles en
font toutes rauies, & ne fe fafchent iamais d’une telle
harmonie de langage. D’yceulx nombres oratoires
ie parle plus copieufemét en mon Orateur: parquoy
n’en feray icy plus long difcours. Et de rechef aduer
tiray le traducteur d’y prédre garde: car fans l’obfer‹
uation des nombres on ne peult eftre efmerueillable
en quelcque compofition que ce foit: & fans yceulx
les fentences ne peuuent eftre graues, & auoir leur
poix requis, & legitime. Car penfe tu, que ce foict
affes d’auoir la diction propre, & elegante, fans une
bonne copulation des mots? Ie t’aduife, que c’eft aul‹
tant que d’ung môceau de diuerfes pierres precieu‹
fes mal ordonnées: lefquelles ne peuuent auoir leur
luftre, à caufe d’une collocation impertinente. Ou
c’eft aultant, que de diuers inftruments muficaulx
mal conduicts par les ioueurs ignorantz de l’art, &
peu cógnoiffantz les tons, & mefures de la mufique.
En fomme, c’eft peu de la fplendeur des mots, fi l’or‹
dre, & collocation d’yceulx n’eft telle, qu’il appar‹
tient. En cela fur touts fut iadis eftimè Ifocrate
Orateur Grec : & pareillement Demofthene.

Entre

*La cinquief‑
me reigle.*

*Nombres
oratoires.*

Entre les Latins Marc Tulle Ciceron à este grand
obseruateur des nombres.  Mais ne pense pas, que
céla se doibue plus obseruer par les Orateurs, que
par les Historiographes. Et qu'ainsi soit, tu ne trou
ueras Cæsar, & Salluste moins nombreux, que Ci
ceron.   Conclusion quant à ce propos, sans grans
de obseruation des nombres ung Autheur n'est
rien : & auec yceulx il ne peult faillir a
auoir bruict en eloquence, si pa
reillement il est propre en
diction , & graue en
sentences, & en ar
guments subtil.
Qui sont
les
poincts d'ung Orateur par
faict, & uray^ment com
blé de toute gloire
d'eloquen
ce.

De

# LA PVN-CTVATION DE LA LANGVE FRANCOYSE.

S I toutes langues genes ralement ont leurs dif ferences en parler, & escripture, toutesfoys non obstant cela elles n’ont qu’une punctuas tion seulement : & ne trouueras, qu’en ycelle les Grecs, Latins, Frãs coys, Italiens, ou Hes



spaignolz soient differents. Doncques ie t’instrui= ray briefuement en cecy. Et pour t’y bien endoctri= ner il est besoing de deux choses. L’une est, que tu congnoisses les noms, & figures des poincts. L’aul= tre, que tu entendes les lieux, ou il les fault mettre.

Quant aux figures, elles sont telles, qu’il s’ensuict.



1    ,   ou en ceste sorte′.
2    :
3    .
4    ?
5    !
6    ( )

1    Le premier poinct est appellé en Latin incisum:
& en Francoys ( principalement en L'imprimerie)
on l'appelle ung poinct à queue, ou uirgule: & se sou
loit marcquer ainsi  ′ .

2    Le second est appellé en Grec comma:& les La
tins ne luy ont baillé aultre nom. Mais il fault enten
tendre, que toutes ces sortes de punctuer n'ont leur
appellation, & nom à cause de leur forme, & marc
que, ains pour leur effect, & proprieté.

3    Le tiers est dict par les Grecs colon.  En Latin
on l'appelle punctū. Et en L'imprimerie on l'appel
le ung poinct, ou ung poinct rond. Toutesfoys quāt
à l'efficace il n'ya pas grand' difference entre colon,
& comma. Sinon que l'ung ( qui est comma ) tient
le sens en partie suspens, Et l'aultre (qui est le colon)
conclud la sentence.  Par ainsi on pourroit dire, que
le colon peult comprendre plusieurs comma:& non
pas le comma plusieurs colon.



    Si en cest endroict quelcque maling detracteur
ueult dire, que j'entends mal ce, que les Grecs appel
lent comma, & colon:ie luy responds, que combien
que les Grecs ayent appellé comma, ce que j'appelle
ung poinct à queue : & que dudict comma ie marc
que ung colon : & que ie constitue ung colon pour
fin de sentence, certainement ie n'erre en rien.  Car
les Latins interpretent comma pour incisum : & si
les Grecs le prennent pour incision de locution, ie le
ueulx prendre pour incision de sentence, c'est assca
uoir pour sentence moyenne, & suspendue: & le co
                                                    lon

lon pour fentence finale du periode. Ie dy cecy, pour
obuier aux maldifants, & calumniateurs. Defquelz
il eft au temps prefent fi grand nombre, que fi ung
homme d'efprit s'arreftoit à eulx, il ne compoferoit
iamais rien. Mais mon naturel eft tel, que ie n'ay
aultre paffetemps, que de telz fols.

4 Le quart eft nommé par les Latins interrogans:
& par les Francoys interrogant.

5 Le quint differe peu du quart en figure: toutef,
foys il fe peult appeller admiratif, & non interrogãt.

6 Le fixiefme eft appellé parenthefe: & eft dou,
ble, comme l'on peult ueoir par fes deux petits de,
mys cercles.

Or puifque tu congnois leurs noms, & figures, *La colloca,*
ie te ueulx maintenant mõftrer familieremẽt, quelz *tiõ des poinÉts.*
lieux ilz doibuẽt auoir en noftre parler, & efcriptu,
re. Et te prie y uouloir entendre: car une punÉtua,
tion bien gardée, & obferuée fert d'une expofition
en tout oeuure.

Premierement il te fault entendre, que tout argu, *Qu'eft ce*
ment, & difcours de propos, foit oratoire, ou poëti, *que periode.*
que, eft deduiÉt par periodes.

Periode eft une diÉtion Grecque, que les Latins
appellent claufula, ou compræhenfio uerborũ: c'eft
adire une claufule, ou une cõprehenfion de parolles.
Ce periode (ou aultremẽt claufule) eft diftingué, &
diuifé par les poinÉts deffufdiÉts. Et cõmunémẽt ne
doibt auoir que deux, ou trois membres: car fi par fa
longueur il excede l'alaine de l'hõme, il eft uicieux.

c 2    Si tu

Si tu en ueulx auoir exemple, ie te uoys forger ung
propos,ou il y aura troys periodes: dedans lefquelz
touts les poincts, que ie t'ay proposés, feront contenus:& puis ie te declaireray par le menu l'ordre, &
la caufe d'ung chafcun.  Or mon propos fera tel.
L'empereur congnoiffant,que paix ualoit mieulx,
que guerre, a faict appoinctement auec le Roy: &
pour plus côfirmer cefte amytié,allant en Flandre il
a pafsé ( chofe nô efperée) par le Royaulme de Frãce:ou il a efté repceu en grand honneur, & extreme
ioye du peuple.Car qui ne fe refiouyroit d'ung tel ac
cord ? qui ne loueroit dieu de ueoir guerre affopie,
& paix regner entre les Chreftiens ? O' que long
têps auons defiré ce bien ! ò que bien heureux foient,
qui ont traicté ceft accord ! que mauldicts foient,qui
tafcheront de le rompre !

Au premier periode ( qui fe commence l'Empereur congnoiffant ) ie te ueulx monftrer l'ufage du
poinct à queue, du comma, de la parenthefe, & du
poinct final,aultrement dict poinct rond.Le poinct
à queue ne fert d'aultre chofe, que de diftinguer les
dictions,& locutiõs l'une de l'aultre. Et ce ou en adiectifs,fubftantifs,uerbes, ou aduerbes fimples. Ou
auec adiectifs ioincts aux fubftantifs exprefsément.
Ou auec adiectifs gouuernants ung fubftantif. Ou
auec uerbes regiffants cas:ce que nous appellons locutions.  Exemple de l'adiectif fimple.  Il eft bon,
beau,aduenánt,ieune,& riche. Ne uois tu pas, que
ce poinct diftingue ces dictions bon,beau,aduenãt,
ieune,

ieune,& riche? Exemple du ſubſtantif ſimple.
Il eſt plein de grãd' bonté, beaulté,addreſſe,ieuneſ
ſe,& richeſſe. Exemple du uerbe ſimple.   Il ne
faict rien que manger,boire,& dormir. Exemple
de l'aduerbe. Il a faict cela prudem^ment, coura,
geuſement, & heureuſement. Exemple de l'adie,
ctif ioinct au ſubſtantif. Il eſt de grand courage,
de prudence ſinguliere, & execution extreme.
Exemple de l'adiectif gouuernant ung ſubſtantif.
Il a touſiours ueſcu bien ſeruant dieu,ſecourant ſes
prochains, & n'offenſant perſonne.   Exemple du
uerbe regiſſant cas. C'eſt choſe louable de bien ſer,
uir Dieu, ſecourir ſes prochains, & n'offenſer per,
ſonne.

Voila des exemples,pour te monſtrer clairemẽt
l'uſage de ce poinct à queue. Il a pareillement tel
uſage en la langue Latine. Deuant que de uenir aux
aultres poincts,ie te ueulx aduertir, que le poinct à
queue ſe meċt deuant ce mot, ou : ſemblablemẽt de,
uant ce mot,&. Exemple de ce mot,ou. Sot, ou      Ou.
ſage qu'il ſoit,il me plaiſt. Exemple de ce mot,&.    Et.
Sans ſçauoir, & bonne uie l'homme n'eſt poinct à
priſer.Or entends maintenant, que ce mot,ou,auſsi
ce mot,&,ſont aulcunesfoys doublés:& lors au pre,
mier mẽbre il n'y eſchet aulcun poinct à queue. Exẽ,
ple de,ou. Soit ou par mer,ou par terre, le Roy eſt
le plus puiſſant. Exemple de,&. Il a touſiours eſté
conſtant & en bonne fortune,& en mauluaiſe.        La colloca,

Ie uiens maintenant à parler du comma: lequel ſe   tion du comma.

C 3      meċt

meĉt en fentence fufpendue, & non du tout finie.
Et aulcunesfoys il n'y en a qu'ung en une fentence:
aulcunesfoys deux,ou trois. Exemple. Il eft bon
de n'offenfer perfonne: car il n'eft nul petit ennemy:
& chafcun tafche de fe uenger,quand il eft offenfé.

La collocation de la parenthefe.

Quant à la parenthefe, c'eft une interpofition,
qui a fon fens parfaiĉt: & pour fon interuention, ou
detraĉtion elle ne rend la claufule plus parfaiĉte, ou
imparfaiĉte. Exemple. Allant en Flandre il a
paffé ( chofe nõ efperée ) par le Royaulme de Fran-
ce.Ofte la parenthefe,le fens fera auffi parfaiĉt, que
s'y elle y eftoit.Ce qui eft facile à congnoiftre. Entends auffi, que la parenthefe peult auoir lieu par
tout le difcours du periode:finon au commencemẽt,
& à la fin.D'aduantage il eft à noter, que deuant,ou
apres la parenthefe il n'y efchet aulcun poinĉt à
queue,ou final.Et dedans y en efchet auffi peu:fi ce
n'eft ung interrogant,ou ung admiratif. Exemple
du premier. Si ie puis iamais auoir puiffance, ie
me uengeray d'ung fi uillain tour ( en doibs ie faire
moins? ) & luy donneray à entendre, qu'il me fou-
uient d'une iniure dix ans apres,qu'elle m'eft faiĉte.
Fxemple du fecond. Eftant le plus fort en toutes
chofes il fut uaincu ( quel hazart de guerre ! ) & toft
apres fut uiĉteur feulement par prudence.

Sans aulcune uigueur de parenthefe on trouue
quelcque fois ung demy cercle en cefte forte ) ou
ainfi ] & cela fe faiĉt, quand nous expofons quelcque mot, ou quand nous glofons quelcque fentence
d'aulcun

d'aulcun Autheur Grec, Latin, Francoys, ou de tout aultre langue.

On trouue aufsi ces demys cercles aulcunesfoys doublés: & ce fans force de parenthefe. Ilz fe doublent doncq' ainfi ⌊ ⌋ ou ainfi ⦃ ⦄ Et lors en iceulx eft comprinfe quelque addition, ou expofition noftre fur la matiere, que traicte l'Autheur par nous interpreté. Mais le tout ( comme i'ay dict ) fe faict fans efficace de parenthefe. Lifant les bons Autheurs, & bien imprimés tu pourras congnoiftre ma traditiue eftre uraye.

Quant au poinct final, aultrement dict poinct rond, il fe mect toufiours à la fin de la fentence, & iamais n'eft en aultre lieu. Et apres luy on commence uouluntiers par une grand letre.



Au demeurant: il n'y a que deux poincts. C'eft l'interrogant, & l'admiratif : & l'ung, & l'aultre eft final en fens : & en peult auoir plufieurs en ung periode.



L'interrogant fe faict par interrogation pleine, addrefsée à ung, ou à plufieurs, tacitemét, ou exprefsément. Exemple. Qui ne fe refiouiroit d'ung tel accord? qui ne loueroit Dieu de ueoir guerre allopie, & paix regner entre les Chreftiens?



L'admiratif n'a fi grand' uehemence: & efchet en admiration procedáte de ioye, ou deteftation de uice, & mefchãceté faicte. Il cõuient aufsi en exprefsiõ de foubhait, & defir. Brief: il peult eftre par tout, ou il ya interiection. Exéple. O' que long téps auõs defiré

ce

ce bien! ò que bien heureux ſoient, qui ont traiͨtê
ceſt accord! que mauldiͨts ſoient, qui taſcheront de
le rompre!

A tant te ſuffira de ce, que i'ay diͨt des figures, &
collocations de la punͨtuation. Ie ſcay bien,
que pluſieurs Grammairiens Latins en
ont baillé d'aduantage: mais tu ne
te doibs amuſer à leurs reſ
ueries. Et ſi tu entends,
& obſerues bien
les reigles
pre⸗
cedentes,
tu ne fauldras à
doͨtement punͨtuer.

Des

# LES AC-CENTS DE LA LANGVE FRANCOYSE.

Es gens doctes ont de couſtume de fai re ſer⸗ uir les accents en deux ſortes. L'une eſt en pronunciation, & ex⸗ preſsion de uoix: ex⸗ preſsion dicte quan⸗ tité de uoyelle. Laul⸗ tre en impoſition de marcque ſur quelcque diction.

Du premier uſage nous ne parlerons icy aulcu⸗ nement: car il n'en eſt poinct de beſoing. Et d'aduan tage il a moins de lieu en la langue Francoyſe, qu'en toutes aultres: ueu que ſes meſures ſont fondées ſur ſyllabes, & non ſur uoyelles: ce qui eſt tout au re⸗ bours en la langue Grecque, & Latine.

Quant à l'impoſition de marcque ( qui eſt le ſe⸗ cōd membre de l'accent ) i'en diray en ce traicté, ce qu'il en fault dire briefuement, & priſuément, ſans aulcune oſtentation de ſcauoir, & ſans fricaſſée de Grec, & Latin. I'appelle fricaſſée, une mixtion ſu⸗

d perſlue

perflue de ces deux langues: qui se faict par sottelets glorieux: & non par gens resolus, & pleins de bon iugement. Venons à la matiere.



En la langue Francoyse sur toutes letres il y en a deux, qui recoipuent plus accent, que les aultres. C'est asscauoir, a, & e. De ces deux nous parlerons par ordre.



La letre dicte, a, se trouue en trois sortes commu= nement en nostre langue Francoyse. Aulcunesfoys elle est ung article du datif: car le datif Latin est ex= posé en Francoys par ledict article.    Exemple. Dedi Petro, quod ad me scripseras.  I'ay baillé à Pierre ce, que tu m'auois escript.

Aulcunesfoys est preposition seruant à l'accusatif cas: & uault aultant, comme, ad, en Latin. Exemple. Rex ad Imperatorem scripsit, tutam ei uiam in Flã= driam per Galliam patêre. Le Roy a escript à l'Em= pereur, que le passage luy estoit seur par Frãce, pour ailer en Flandre.

Aulcunesfoys aussi ceste particule, a, signifie aul= tant en Francoys, que, habet, en Latin.  Exemple. Habet omnia, quæ in oratore perfecto esse possunt. Il a toutes choses, qui peuuent estre en ung orateur parfaict.  Aultre exemple.  Occîdit illum nefarié. Il l'a tué meschamment.  Telle est la langue Fran= coyse en aulcunes locutions: ou pour ung mot Latin il y en a deux Francoys: comme, Respondit: Il a re= spondu. Cantauit: Il a chanté. Scripsit: Il a escript. Fuit: Il a esté. En ces locutions ce mot, a, est prins diuersement.

diuerſement. Car il eſt de ſignification poſſeſsiue,
actiue,ou temporelle.  Exemple de la poſſeſsiue.
Multas diuitias habet : Il a pluſieurs richeſſes.
Exemple de l’actiue. Cantauit: Il a chanté.  Exem⸗
ple de la temporelle.  Fuit: Il a eſté. Quant à la du⸗
plication de mots pour ung ſeul Latin, cela ſe faict
ſeulement en la ſignification actiue,& temporelle de
ceſte diction,a. Exemple. Cantarunt : Ilz ont chan⸗
té.Fuerunt: Ilz ont eſté. Et par cela tu peulx con⸗
gnoiſtre,que la langue Latine comprent plus, que
la Francoyſe:ce qu’il n’aduient pas en toutes choſes.

 Note doncques,que,quand,a, eſt article, ou pre⸗
poſition, il le fault ſigner d’ung accent graue, en ce⸗
ſte ſorte,à.Et ainſi ſignent les Latins leurs prepoſi⸗
tions : c’eſt aſſcauoir, à, & è. Mais quand, a, repre⸗
ſente ce uerbe Latin,habet, il n’a poinct d’accent.
Lors aulcuns l’eſcripuent auec une aſpiration,ha : ce
qui me ſemble ſuperflu : toutesfois ie remects cela à
la fantaſie d’ung chaſcun.  Note auſsi,que, quand il
eſt de ſignification actiue, ou temporelle ( comme
i’ay demonſtré ) il ne recoipt poinct d’accent.

 La letre appellée,e,a double ſon, & prolation en
Francoys.  La premiere eſt dicte maſculine : &
l’aultre feminine.  La maſculine eſt nommée ainſi,
pource que, é, maſculin a le ſon plus uirile, plus ro⸗
buſte,& plus fort ſonnant.  D’aduantage, il porte
ſur ſoy une uirgule ung peu inclinée à main dex⸗
tre, comme eſt l’accent appellé des Latins aigu, ain⸗
ſi , é. Exemple.  Il eſt homme de grand’ bonté ,

d  2 priuaulté,

a<br>Quand il eſt<br>uerbe.

e<br>En Francoys<br>eſt de double<br>prolation.

é<br>Maſculin.

priuaulté, & familiarité: plus, il dict toufiours ueri-
té. Aultre exemple. Apres qu'il eut bien mangé,
bancqueté, & chanté, il uoulut eftre emporté de la:
& puis fut chouché en ung bon lict: mais le lende-
main matin apres eftre defyuré, il fe trouua bien
eftonné, & fut frotté, & gallé de mefmes par ung
tas de ruftres, qui ne l'aymoient guieres. Voila deux
exemples de la termination mafculine.

Maintenant il te fault noter diligem'ment deux
chofes. C'eft que cefte letre, é, eftant mafculine iamais ne uient en collifion: c'eft a dire, qu'eftant deuant ung mot commencant par uoyelle, elle ne fe
perd poinct. Exemple. Il a efté homme de bien
toute fa uie: & n'a merité ung tel oultrage.



En apres il fault entendre, que cefte letre, é, eft
aufsi bien mafculine au plurier nombre, qu'au fingulier. Et ce tant en noms, qu'en uerbes. Exemple des
noms. Les iniquités, & mefchancetés, defquelles il
eftoit rempli, l'ont conduict à ce malheur. Aultre
exemple. Toutes uoluptés contraires à uertu ne
font louables.

Ie te ueulx aduertir en ceft endroict d'une mien-
ne opinion. Qui eft, que le, é, mafculin en noms de
plurier nôbre ne doibt recepuoir ung, z, mais une,
s, & doibt eftre marcqué de fon accent, tout ainfi
qu'au fingulier nombre.



Tu efcriras doncq uoluptés, dignités, iniquités,
uerités: & non pas uoluptéz, dignitéz, iniquitéz, ue-
ritéz. Ou fans é marcqué auec fon accent aigu tu
n'efcriras

n'efcriras uoluptez, dignitez, iniquitez, ueritez.
Car, z, eft le figne de, é, mafculin au plurier nombre
des uerbes de feconde perfonne: & ce fans aulcun ac
cent marcqué deffus.  Exemple.  Si uous aymez
uertu, iamais uous ne uous addonnerez à uice, &
uous efbatterez toufiours à quelcque exercice hon
nefte.  Aultre exmple.  Si uous eftiez telz, que
uous dictes, uous ne defchafferiez ainfi les uertueux.
Sur ce propos ie fcay bien, que plufieurs non bien
côgnoiffants la uirilité du fon de le, é, mafculin trou
ueront eftrange, que ie repudie le, z, en ces mots uo
luptés, dignités, & aultres femblables. Mais s'ilz le
trouuent eftrange, il leur procedera d'ignorance, &
mauluaife couftume d'efcrire : laquelle il conuient
reformer peu à peu.

z
Eft le figne
de, é, mafculin
au plurier nom
bre des uerbes.

Oultre ce, qui eft dict, faiche, que, é, de pronun
ciation mafculine ne fe mect feulement en fin de di
ction, mais aufsi deuant la fin.  Exemple.  Iournée,
renommée, meslée, affemblée, diffamée, affolée : &
aultres mots, qui fe formêt du mafculin en feminin:
comme eft de defpité, defpitée : de courroucé, cour
roucée: de fuborné, fubornée: & femblables dictions
tant au fingulier nombre, qu'au plurier.  Exemple.
du plurier.  Contrées, iournées, affemblées, menées.

é
Mafculin ne
fe mect feulemêt
en fin de dictiõ.

L'aultre pronunciation de cefte letre, e, eft femi
nine: c'eft adire de peu de fon, & fans uehemence.
Eftant feminine elle ne repçoit aulcun accent.
Exemple.  Elle eft notable femme, de bonne uie, de
bonne rencontre, & aultant prudente, & fage, que

e
Feminin.

d 3　　femme

femme, qui ſe trouue en ceſte contrée.

Note auſsi, que quand ceſte letre, e, eſt feminine, elle eſt de ſi peu de force, que touſiours elle eſt man-gée, s'il s'enſuict apres elle ung mot commencant par uoyelle. De la ont leur origine les figures ap-pellées Sinalelphe, & Apoſtrophe. Entre leſquelles figures il y a aulcune difference, comme nous demõ-ſtrerons maintenant.

La figure, que nous appellons ſynalelphe, ou col-liſion, oſte & mange la uoyelle en proferant ſeule-ment, & non en eſcripuant: car ladicte uoyelle ſe doibt eſcrire. Exemple en proſe. I'ay eſperance en luy, & me fie en la grande amour, & largeſſe ex-treme, de laquelle il uſe enuers touts gens ſcauants. En ceſte exemple, la derniere letre d'eſperance, fie, grande, largeſſe, laquelle, uſe, ſe perd en proferant, a cauſe des aultres mots enſuiuants, qui commencent pareillement par uoyelle. Mais non obſtant la col-liſion, il fault eſcrire tout au long tãt en proſe, qu'en uers. Exemple en rhythme:

Tu es tant belle, & de grace tant bonne,
Qu'a te ſeruir tout gentil cueur s'addonne.

Neceſſairement en ce mot, belle, le dernier, e, eſt mangé: ou aultrement le uers ſeroit trop long. Et les Factiſtes, qui compoſent rhythmes en langage uulgaire, appellent cela couppe feminine; c'eſt adire abolition de le, e, feminin, qui rencontre une aultre uoyelle, par laquelle il eſt aboli apres la quatrieſme ſyllabe du uers. De cecy ie parleray plus amplement

en

en l'art poëtique.

Ce dict, e, feminin eſt aulcunesfoys aultrement mangé par apoſtrophe. Or l'apoſtrophe oſte du tout la uoyelle finale de ce, qui precede la uoyelle du mot enſuiuant:& faict,qu'elle ne s'eſcript, ne profere aulcunement:& ſuffiſt,que ſeulement on la marcque au deſſus par ſon petit poinct. Deuant que de t'en bailler exemple, ie t'aduertis, qu'apoſtrophe eſchet principalement ſur ces monoſyllabes, ce, ſe, ſi, te, me, que, ne, ie, re, le, la, de. Et combien que les Francoys n'ayent de couſtume de ſigner ledict apoſtrophe,ſi en uſent ilz naturellement: principalemēt aux monoſyllabes deſſuſdicts, quand le mot enſuiuant ſe commence ſemblablement par uoyelle.

Et ſi d'aduanture il ſe commence par,h,cela n'empeſche poinct quelcquefoys l'apoſtrophe : car nous diſons,& eſcripuons ſans uice,l'honneur, l'homme, l'humilité:& non le honneur,le homme,la humilité. Au contraire nous diſons ſans apoſtrophe le haren, la harendiere, la haulteur, le houzeau, la houſſe, la hacquebute, le hacquebutier, la hacquenée, le hazard,le hallecret,la hallebarde. Et ſi ces mots ſe proferent ſans grande aſpiration,la faulte eſt enorme. De laquelle faulte ſont pleins les Auuergnats, les Prouuencaulx, les Gaſcons, & toutes les prouinces de la langue d'oc. Car pour le haren il diſent l'aren:pour la harendiere,l'arendiere : pour la haulteur, l'aulteur:pour le houzeau, l'ouzeau: pour la houſſe, l'ouſſe : pour la honte, l'onte : pour la hacquebute,

hacquebute, l'acquebute:pour la hacquenée, l'acque-
née:pour le hazard, l'azard : pour le hallecret, l'alle-
cret:pour la hallebarde, l'allebarde. Et non seulemēt
( qui pis est ) font ceste faulte au singulier nombre
de telles dictions, mais aussi au plurier.  Car pour
des harens, il disent des arens : pour les hacquenées,
les acquenées, pour mes houzeaux, mes ouzeaux:
pour il me fault, ou ie me uois houzer, il me fault
ouser. Or ie laisse le uice de ces nations, & reuiens a
ma matiere.

ce
*Auec apo-
strophe.*

       Exemple de, ce.  Oest grand' follie, de  prendre
pied à ses parolles. Sans apostrophe il fauldroit di-
re:Ce est grand' follie. Fntends toutesfois, que souuent ce mot, cest, n'a poinct d'apostrophe : comme
quand nous parlons ainsi. Cest oeuure est digne de
louange.Cest hōme n'est pas en son bon sens.  Cest
Allemant est trop glorieux.

cest
*Sans apostro-
phe.*

se
*Auec apo-
strophe.*

       Exemple de, se.  S'aduanturant de passer la riuie-
re à pied,il s'est noyé.Pour,se aduanturant:& pour,
il se est noyé.   Note icy,que non seulement ceste diction, se, repcoit apostrophe, mais aussi ces  mots la
recoipuent:c'est assauoir, son, mon, ton. Et par cela
nous disons m'amye,pour mon amye : & m'amour,
pour mon amour : & t'amour, pour ton amour : &
s'amour,pour son amour. Et usons de tel parler tant
en prose , qu'en rhythme : mais plus souuent en
rhythme.Et aussi m'amye,& m'amour, sont dictiōs
plus usiteés,que les deux aultres.

son,mon,ton
*Recoipuent
apostrophe.*

si
*Auec apo-
strophe.*

       Exemple de, si. S'il estoit possible, ie uouldrois
                                                      bien

bien faire cela. Pour, ſi il eſtoit poſsible. Toutesfoys tu ne uoirras guieres , qu'il recoipue apoſtrophe auec aultre mot, que ce mot, il.  Exemple de toutes aultres uoyelles. De la uoyelle, a. Si audace eſtoit priſée, chaſcun ſeroit audacieux. De la uoyelle, e. Si eloquence eſt en luy grãde, ce n'eſt de merueille : car il a ung eſprit merueilleux : & puis il eſtudie conti‑ nuellement en Ciceron. De la uoyelle, i. Si ignorãce uient a regner, tout eſt perdu. De la uoyelle, o. Si or‑ gueil eſt en ung homme, ie ne le puis frequenter. De la uoyelle, u. Si ung homme diligent peult par‑ uenir à richeſſes, i'eſpere quelcque iour eſtre riche. En touts ces exemples ie confeſſe, que l'apoſtrophe y peult eſcheoir: mais auec apoſtrophe le parler ſera plus rude, que ſans apoſtrophe.  Ce que peult facile‑ ment iuger ung homme d'oreilles delicates. I'exce‑ pte touſiours les licences poëtiques , & les laiſſe en leur entier. Car ung poëte pourra dire ( à cauſe de ſa rhythme) s'audace , s'eloquence , s'ignorance , s'or‑ gueil, s'ung homme.

Exception de cela.

D'aduantage il te cõuient ſcauoir, que ceſte par‑ ticule, ſi, eſt aulcunesfoys conditionnale, ou demon‑ ſtratiue. Et lors elle peult recepuoir apoſtrophe, comme tu as ueu aux exemples precedents. Aulcu‑ nesfoys elle ſe mect pour tant, ou tant fort. Et lors elle ne recoipt aulcune apoſtrophe.    Exemple. Il eſt ſi ambitieux, ſi enuieux, ſi iniurieux, ſi oultra‑ geux, que perſonne ne le peult comporter.  Aultre exemple.  Ce lieu eſt ſi umbrageux, que le fruict n'y

ſi pour tant.

e        peult

peult meurir. C'eſt adire, tant ambitieux, tant en⸗
uieux, tant iniurieux, tant oultrageux, tant umbra⸗
geux. Allors garde toy de l'apoſtropher : car il n'y
auroit rien ſi aſpre en prolation, que de dire s'ambi⸗
tieux, s'enuieux, s'iniurieux, s'oultrageux, s'um⸗
brageux.

*ni*<br>*Ne recoipt*<br>*pas ſouuent apo*<br>*ſtrophe.*

Tel eſt l'uſage de ceſte particule, ni. Car elle ne
recoipt pas bonnemēt apoſtrophe, ſi elle ſe rencon⸗
tre deuant ung mot cōmencant par uoyelle. Exem⸗
ple. Ie ne ueis iamais ni Amboiſe, ni Enuers, ni Ita⸗
lie, ni Orleãs, ni umbrage en ce champ. En toutes ces
locutions l'apoſtrophe ſeroit indecente, & lourde.

*te*<br>*Auec apo=*<br>*ſtrophe.*

Exemple de, te. Ie ſerois marry de t'auoir offenſé.
Il t'euſt bien recompenſé, ſi tu euſſes faict cela. Il t'in⸗
terrogue. Il t'oultrage. Il t'uſe ta robbe. Pour de te
auoir: il te euſt: il te interrogue: il te oultrage: il te uſe.

*me*<br>*Auec apo=*<br>*ſtrophe.*

Exemple de, me. Il m'aſſault. Il m'entend bien.
Il m'irrite. Il m'oultrage. Il m'uſe touts mes habille⸗
ments. Pour, il me aſſault: il me entend bien: il me ir⸗
rite: il me oultrage: il me uſe.

*que*<br>*Auec apo=*<br>*ſtrophe.*

Exemple de, que. C'eſt bonne choſe, qu'argent
en neceſsité. Qu'eſt ce que richeſſe, ſans ſanté? Il
fault qu'il s'y trouue. O' qu'orgueil eſt deſplaiſant à
Dieu! Il n'eſt ſcauoir, qu'uſage ne ſurmonte. Pour,
que argent: que eſt ce: que il ſe y trouue: que orgueil:
que uſage.

*ne*<br>*Auec apo=*<br>*ſtrophe.*

Exemple de, ne. Ie n'ay que ce uice. Il n'eſt rien ſi
fot. Il n'ignore cela. Cela n'orne poinct le parler. Ie
n'uſe iamais de parfums. Pour, ie ne ay: il ne eſt: il
ne

ne ignore:cela ne orne:ie ne ufe.

Exemple de,ie. I'ay toufiours peur des calumnia=
teurs. I'entends bien,que tu demandes. I'interprete=
ray ce liure de Ciceron. Ie te donneray à entendre,
comme i'ouys cela de luy. I'ufe fouuent de telles fi=
gures.Pour,ie ay ; ie entends bien : ie interpreteray:
ie ouys:ie ufe.

Exemple de,re. Il fault r'affembler ces pieces. Ie
te r'enuoie ton feruiteur.Il feroit bon de r'imprimer
tes Oeuures. Il fault r'ouurir ce coffre. Il feroit bon
de r'umbrager ce ply.Pour,re affembler: re enuoye:
re imprimer:re ouurir:re umbrager.Et note que,re,
fignifie de rechef.

Exemple de,le. L'auoir n'eft rien en ung hom=
me, s'il n'a uertu. L'entendement trop foubdain ne
faict pas grand fruict. L'interpreteur de cecy ment.
L'orgueil de luy me defplaift. L'ufage de tel art eft
faulx.Pour,le auoir:le entendement:le interpreteur:
le orgueil:le ufage.

Exemple de, la. L'amour eft bonne, quand elle
eft fondée en uertu. L'enfance de luy a efté terrible.
L'interpretation de ce lieu eft difficile. L'oultrecuidance eft grande.L'ufance eft telle. Pour,la amour:
la enfance : la interpretation : la oultrecuidance : la
ufance.

Exemple de ce mot, de. C'eft grand' charge d'a=
uoir tant d'enfants. Par faulte d'entendre le Grec,
il a failli. Cela part d'inuention bien fubtile.
Cefte refponce eft pleine d'orgueil, & oultrage.

e 2　　Par

Par faulte d'ufer de bon regime, il eft retombé en
fiebure. Pour, de auoir:de entendre:de inuention:de
orgueil:de ufer.

    Ie ne parleray plus de l'apoftrophe, & uiendray
maintenant à declairer, que fignifie ung petit poinct
femblable à celuy de l'apoftrophe.  Ce petit poinct
eft figne d'une figure nommée des Grecs, & Latins
Apocope.  Et ainfi la nomment aufsi les Francoys
par faulte d'aultre terme à eulx propre. Cefte figure
ofte la uoyelle, ou fyllabe de la fin d'ung mot pour
la necefsité du uers : ou affin, que le mot foit plus
rond, & myeulx fonnant.  Exemple.  Pri', fuppli',
com', hom', quel', el', tel', recommand', encor', auec'.
Pour, prie, fupplie, comme, homme, quelle, elle, tel
le, recommande, encores, auecques. En profe l'exem
ple peult eftre, grand' chofe : quelle quel' foit : pour
grande chofe: quelle, quelle foit.  Car ainfi la prola
tion eft plus doulce, & plus ronde.

    Au demeurant, il fault entēdre, que les Francoys
ufent, oultre ce que deffus, de deux fortes de chara
cteres: lefquelz font de telle figure.

Touts deux fe fignent fur uoyelles : mais au refte
ilz font bien differents.  Le premier eft figne de
coniunction: le fecond de diuifion.  Le premier r'af
femble, r'unit, & conioinct les parties diuifées: & ce
en trois facons.  La premiere, quand par une figure
fort ufitée nommée Syncope, concifion, ou couppu
re

re ( car ainſi ſe peult dire en Francoys ) ung mot eſt
ſyncopé, c'eſt à dire diuiſé, & diminué au milieu,
puis les deux parties ſont reioinctes enſemble: la diuiſion, & reünion d'ycelles eſt ſignifiée par ledict
charactere. Exemple. Lai^rra, pai^ra, urai^ment,
hardi^ment, don^ra. Pour, laiſſera, paiera, uraiemēt,
hardiement, donnera. Et ainſi font ſouuent les Latins, cõme lon uoit aux bonnes impreſsions, eſquel-
les on treuue diu^um, du^um, uiru^m. Pour, diuorũ,
duorum, uirorum. La ſeconde façon de ceſte figure
eſt, quand deux mots ( deſquelz l'ung eſt detronc-
qué ) ſont r'aſſemblés en ung. Exemple. Au^ous,
pour auez uous : qu'auous , pour qu'auez uous :
m'auous, pour m'auez uous : n'auous, pour n'auez
uous: n^auons, pour nous ne auons. Tel eſt le commun uſage de la langue Francoyſe. La tierce façon
de ceſte figure eſt, quãd deux uoyelles ſont r'accour-
ſies, & proferées en une: ce qui ſe faict ſouuent en
rhythme principalement. Exemple. Penſées: ou
les deux e^e ſe paſſent pour ung proferé par traict
de temps aſſes longuet, quaſi cõme ſi lon diſoit pen-
ſés. Et note, que cecy eſt general en toutes dictions
feminines, qui ſont formées des dictions maſculi-
nes, auſquelles la derniere uoyelle eſt maſculine : &
ce ſeulement au plurier nombre. Et ſi tu ſignes ceſte
figure ſur les deux, e^e, il n'y fault poinct d'accent
aigu ſur le penultime, e. Exemple. Courroucé,
courrouc e, courrouce^es: irrité, irritée, irrite^es: ſub-
orné, ſubornée, ſuborne^es. En telle ſorte doibt on

eſcrire en rhythme: mais en proſe auec ung accent
aigu ſur le, é, penultime, ainſi: courroucées, irritées,
ſubornées. Par ceſte figure auſsi on dict aiſêement,
nommêement, aêage ou eêage: en faiſant de deux
ſyllabes une par ſynereſe, & r'accourſiſſement.

Le ſecond charactere deſſus mêtionnè, qui eſt, ˙˙,
noté ſur les uoyelles, eſt celuy, par lequel on faict au
contraire de l'aultre, duquel ſortons de parler. Car il
ſignifie diuiſion, & ſeparation, & que d'une ſyllabe
en ſont faictes deux.   Exemple.   Païs, poëte: pour
paîis, poîete.

Ce ſont les preceptions, que tu garderas quant
aux accents de la langue Francoyſe. Leſquelz auſsi
obſerueront touts diligents Imprimeurs: car telles
choſes enrichiſſent fort l'impreſsion, & demõſtrent,
que ne faiſons rien par ignorance.

Quant à l'accent enclitique, il n'eſt poinct re-
cepuable en la langue Francoyſe, combien qu'aulcuns ſoient d'aultre opinion. Leſquelz diſent, qu'il
eſchet en ces dictions, ie, tu, uous, nous, on, lon. La
forme de ceſt accent eſt telle, ' : par ainſi ilz uouldroient eſtre eſcript en la ſorte, qui ſenſuict. M'at-
têderai'ie à uous? Fairas'tu cela? Quãd aurons'nous
paix? Dict'on tel cas de moy? Voirra'lon iamais ces
meſchantz puniz? De rechef ie t'aduiſe, que cela eſt
ſuperflu en la langue Francoyſe, & toutes aultres:
car telz pronoms demeurent en leur uigueur, encores qu'ilz ſoient poſtpoſés à leurs uerbes.  Et qui
plus eſt, l'accent enclitique ne cõulent qu'en dictions
                                                            inde-

indeclinables, comme sont en latin, ne, ue, q̃, nam.
Quainsi soict, on n'escript poinct en Latin en ceste
forme: Feram 'ego id iniuriæ? Eris'tu semper tam
nullius consilij ? Auersabimini'uos semper à
uobis pauperes? Tiens doncques pour
seur, que tel accent n'est propre
aulcunement à nostre lan-
gue. Qui sera fin
de ce petit
Oeuure.

## AV LECTEVR

### Francoys Dixain de Saincte Marthe.

Pourquoy es tu d'aultruy admirateur,
Vilipendant le tien propre langage?
Est ce ( Francoys ) que tu n'as instructeur,
Qui d'iceluy te remonstre l'usage?
Maintenant as en ce grand aduantage,
Si uers ta langue as quelcque affection:
Dolet t'y donne une introduction
Si bonne en tout, qu'il n'y a que redire,
Car il t'enseigne ( ò noble inuention )
D'escrire bien, bien tourner, & bien dire.

# DOLETVS

Durior est spectatæ uirtutis,
quàm incognitæ,
conditio.

www.ingramcontent.com/pod-product-compliance
Ingram Content Group UK Ltd.
Pitfield, Milton Keynes, MK11 3LW, UK
UKHW021147140726
13695UKWH00005B/1995